HENRI TAUSIN

NOTICE HISTORIQUE SUR BARDO DI BARDI MAGALOTTI

Lieutenant Général des Armées du Roi

ET

GOUVERNEUR DE VALENCIENNES

1629-1705

Avec un tableau généalogique, deux gravures et une planche hors texte

PARIS
Librairie Historique des Provinces
EMILE LECHEVALIER
16, rue de Savoie, 16

1908

NOTICE HISTORIQUE

SUR

Bardo di Bardi MAGALOTTI

PUBLICATIONS DU MÊME AUTEUR

Armorial des Cardinaux, Archevêques et Evêques contemporains de France. Avec cent planches gravées sur pierre. Paris, Victor Palmé, 1874. In-16.

Dictionnaire des Devises historiques et héraldiques. Avec figures et une table alphabétique des noms. Paris, J.-B. Dumoulin, 1878, 3 volumes in-8°. En collaboration avec M. Alphonse CHASSANT.

Armorial des Cardinaux, Archevêques et Evêques contemporains de France. Avec 86 écussons gravés. Nouvelle édition. Paris, Retaux-Bray, 1887. In-16.

Supplément au Dictionnaire des Devises historiques et héraldiques. Avec une table alphabétique des noms. Paris, Emile Lechevalier, 1895, 2 volumes in-8°.

Devises choisies. Chauny, Nougarède, 1897. In-8° de 62 pages. Non mis dans le commerce.

Notices historiques sur les Personnages et Compagnies dont les armoiries figurent sur le Monument commémoratif du siège de la ville de Saint-Quentin en 1557. Avec trois tableaux généalogiques et neuf blasons en photogravure. Saint-Quentin, Trinquenaux-Devienne, 1897. In-4° de 35 pages, tiré à 125 exemplaires.

Maison de Moy. Etude sur des pilastres armoriés conservés dans l'église de Saint-Quentin. Notice historique sur ladite Maison. Avec un grand tableau généalogique et deux planches hors-texte. Abbeville, Foudrinier & Ce, 1897. In-4° de 31 pages, tiré à 75 exemplaires numérotés, sur papier à la forme.

Les villes décorées de la Légion d'honneur. Paris, Emile Lechevalier, 1898. In-4° de 71 pages, avec 10 blasons en photogravure.

Notice historique sur Quentin de Goussencourt. Abbeville, Fourdrinier et Ce, 1898. In-4° de 12 pages, avec un portrait en photogravure hors-texte.

L'ex-Libris de Jérôme Collot, chirurgien du XVIIe siècle. 1898. In-4° de 5 pages, avec une photogravure hors-texte. (Extrait des *Archives de la Société française des Collectionneurs d'Ex-Libris.)*

Quelques Notes relatives à l'Histoire de Thenelles et de Sissy. Abbeville, Fourdrinier et Ce, 1899. In-4° de 11 pages. Deux photogravures.

Henri TAUSIN

NOTICE HISTORIQUE

SUR

BARDO DI BARDI MAGALOTTI

Lieutenant Général des Armées du Roi

ET

GOUVERNEUR DE VALENCIENNES

1629-1705

Avec un tableau généalogique, deux gravures et une planche hors texte

PARIS
Librairie Historique des Provinces
Emile LECHEVALIER
16, rue de Savoie, 16

1903

N 1899, j'ai publié une brochure ayant pour titre : *Quelques notes relatives à l'histoire de Thenelles et de Sissy* (1).

M'étant attaché à relever les moindres détails touchant les seigneurs de ces deux villages et ceux des petites localités en dépendant, je pris sur place tous les renseignements possibles.

Au cours de mes investigations, j'appris qu'en 1868 une pierre portant des armoiries assez finement sculptées avait été trouvée à Thenelles, dans un tas de décombres, et que M. Lhotte-Tiéfaine, l'un des acquéreurs du domaine de Thenelles, l'avait fait transporter dans sa propriété de Saint-Quentin (Aisne). On verra un peu plus loin comment je fus amené à constater que cette pierre porte les armoiries d'un seigneur de Villers-le-Vert, petit village aujourd'hui disparu (2).

---

1. Villages du département de l'Aisne.

2. Cette localité, dont il ne reste plus qu'un moulin à eau avec maison et bâtiments de ferme, était située à l'extrémité sud-ouest du territoire de Thenelles.

Voulant apprécier l'intérêt historique que pouvait présenter cette épave épigraphique, je me rendis chez M. Lhotte-Tiéfaine qui me reçut avec beaucoup d'affabilité et se fit un plaisir de me montrer cette pierre placée bien en vue, au pied d'un arbre, dans son charmant jardin, très gracieusement dessiné, et agrémenté de vallonnements, de grottes et de cascades du plus merveilleux effet.

La vue de ce spécimen artistique de l'époque de Louis XIV m'inspira le vif désir d'étudier les armoiries représentées et surtout le personnage auquel elles appartenaient. Cette pierre a pu servir d'imposte à une porte principale ; je suis cependant porté à croire qu'elle fit partie d'un mausolée, car la terre de Villers-le-Vert ne comportait qu'une maison seigneuriale qui ne devait pas être ornée de sculptures de cette importance ; la couleur de cette pierre pourrait confirmer mon hypothèse : elle est en petit granit gris-bleu de Belgique.

Cette pierre, qui mesure 84 c. de hauteur sur 77 de largeur et 28 c. d'épaisseur, est assez bien conservée ; elle présente toutefois une lézarde allant de droite à gauche jusqu'en son milieu ; l'écusson armorié qui y est sculpté a pour supports deux lions en demi-bosse, d'un faire naïf et reposant sur une terrasse ; l'écu est surmonté d'une couronne de marquis, dont les perles et les fleurons ont été mutilés ; deux fleurs à larges pétales sont le seul ornement de la terrasse, elles ont peut-être un sens symbolique.

Je donne la reproduction de cette intéressante sculpture d'après un dessin exécuté avec la plus grande exactitude et un remarquable talent par M. J. Pilloy, de Saint-Quentin, à qui j'adresse mes bien sincères remercîments.

Les armoiries représentées sur cette pierre sont tellement spéciales qu'il me fut facile de les identifier : ce sont celles de l'illustre maison florentine des BARDI qui remonte au XIIe siècle.

Il est incontestable que le monument quelconque dont cette pierre fit partie fut exécuté, soit du vivant, soit après la mort d'un membre de cette famille, lequel était seigneur de Villers-le-Vert. Je fus bien édifié sur l'identité du possesseur de cette seigneurie en consultant l'*Armorial général de France* (1) où les armoiries des BARDI sont enregistrées, à la date du 6 juin 1698, avec la mention : BARDO DI BARDI MAGALOTTI, *seigneur de Villers-le-Vert.*

Le possesseur de cette petite seigneurie n'était autre que le célèbre gouverneur de Valenciennes, l'un des capitaines les plus remarquables du règne de Louis XIV. Il eut été intéressant de savoir par quelle suite de circonstances ce gentilhomme fit l'acquisition du domaine de Villers-le-Vert, s'il y résida souvent et enfin s'il y fut inhumé. Mes recherches sur ces points sont restées infructueuses. Si, comme je le suppose, cette pierre fit partie d'un monument funéraire, on peut admettre que Bardo di Bardi Magalotti fut enterré à Thenelles, puisque la pierre provient de cette localité.

Ces études préliminaires terminées, j'entrepris de reconstituer, année par année, l'existence si bien remplie du remarquable personnage sur lequel une circonstance fortuite avait

1. Manuscrit original de la Bibliothèque Nationale.

attiré mon attention. J'eus la bonne fortune de trouver, tant aux Archives qu'à la Bibliothèque Nationale, de nombreux et intéressants documents le concernant ; de plus Monsieur le comte Bardi Serzelli, de Florence, descendant direct du vénéré gouverneur de Valenciennes, voulut bien mettre à ma disposition deux pièces capitales qui font partie de ses archives de famille : 1° le beau tableau généalogique dont je donne la reproduction exacte en tête de cette notice ; 2° une montre d'armes du 30 mai 1661 que je publie in extenso aux *Pièces justificatives* (n° I). Que Monsieur le comte Bardi Serzelli reçoive ici le témoignage de ma très sincère gratitude.

J'espérais trouver aux Archives du département de l'Aisne de nombreux documents sur la seigneurie de Villers-le-Vert, je fus déçu de ce côté ; toutefois j'y ai relevé quelques indications intéressantes : d'abord une suite des seigneurs de Villers-le-Vert (1), de laquelle je crois pouvoir conclure que Bardo di Bardi Magalotti acquit la seigneurie de Villers-le-Vert de Jean-Henri Dauberk qui la possédait encore en 1690 ; puis une procuration du 14 juin 1724 (2) à laquelle est jointe une opposition indiquant que le prince de Tingry (3) avait acheté cette terre de M. Alexandre, marquis Albergotti (4) ; ce dernier personnage était un des petits-neveux de Magalotti et son héritier du chef de son oncle, François-Zénoble-Philippe. Il résulte d'une autre pièce des Archives de l'Aisne qu'en 1752, sous son dernier possesseur (5), « la seigneurie de Villers-le-Vert, sise en « la paroisse de Sissy, proche de cette ville, consistait en mai- « son seigneuriale, chambres, granges, écurie, bergerie et « autres bâtiments construits en pierres, briques et palissades, « couverts en tuiles... »

---

1. Voir aux *Pièces justificatives*, n° III.
2. N° VI des *Pièces justificatives*.
3. Charles-François-Christian de Montmorency-Luxembourg, chevalier des ordres du Roi, gouverneur de la ville de Valenciennes.
4. Alexandre, marquis Albergotti, colonel du régiment Royal Italien, probablement fils du chevalier Albergotti, tué, le 3 août 1709, en attaquant l'abbaye d'Hasnon sur la Scarpe.
5. Charles-Louis-Joseph Pinault des Jaunaux, comte de Thenelles, vicomte de Regny, conseiller du Roi, doyen des présidents à mortier du Parlement de Flandre, demeurant à Douai.

Aujourd'hui, il ne reste plus rien de ce domaine qui, d'après Melleville (1), remontait à l'an 1210 et avait alors pour seigneur Jean de Villers-le-Vert, dont la femme était Agnès de Vendeuil.

J'ai, d'autre part, relevé aux Archives Nationales deux actes très intéressants concernant cette seigneurie : 1° un aveu du 25 janvier 1393, duquel il ressort que Guy de Jeumont, chevalier, précéda Gérard de Roucourt dans la seigneurie de Villers-le-Vert ; 2° un dénombrement du 14 février 1607 ; je donne un résumé de ces deux actes aux *Pièces justificatives*, nos IV et V.

On trouvera aussi, aux *Pièces justificatives*, sous le n° VII, une expertise postérieure au 25 juillet 1731 et relative à la prestation annuelle de Villers-le-Vert au chapitre de Saint-Quentin.

En terminant, je ne saurais manquer d'adresser mes remercîments les plus sincères à Monsieur Julien Lecat, conservateur de la Bibliothèque de la ville de Valenciennes, qui m'a fait de très intéressantes communications sur Magalotti. Je remercie tout particulièrement aussi Monsieur G. de Crollalanza à qui je dois les notes spéciales que je donne sur les familles des ancêtres de Magalotti.

HENRI TAUSIN,

Membre correspondant du Conseil héraldique de France
et de l'Académie Royale héraldique d'Italie.

1. *Dictionnaire historique du département de l'Aisne.* Paris, 1865, in-8°, tome II, page 462.

NOTICE HISTORIQUE

SUR

BARDO DI BARDI MAGALOTTI

LIEUTENANT GÉNÉRAL DES ARMÉES DU ROI

ET GOUVERNEUR DE VALENCIENNES

PEU après le 10 avril 1705, la ville de Valenciennes dut être en deuil en apprenant la nouvelle de la mort à Paris, à cette date, de son gouverneur bien aimé, le comte Bardo di Bardi Magalotti, gentilhomme florentin, naturalisé français, lieutenant général des armées du Roi, colonel-lieutenant du Royal-Italien, gouverneur de Valenciennes depuis la prise de cette ville par Louis XIV en 1677, seigneur de Villers-le-Vert. Cette mort dut faire également sensation à la Cour où la bravoure du vieux capitaine, ses états de service, sa munificence et sa générosité étaient bien connus, comme on peut s'en convaincre par l'article suivant que Saint-Simon lui consacre dans ses *Mémoires.*

« Plusieurs personnes marquées ou connues moururent en ce même temps, comme à la fois (entre « autres) :

« Magalotti, un de ces braves, que le cardinal « Mazarin avoit attiré auprès de lui, quoique fort « jeune, par le privilège de la nation. Il avoit vu le Roi « jeune chez le cardinal et conservé liberté avec lui. « Le Roi avoit pour lui de la bonté et de la distinction « qui pourtant ne le put soustraire à la haine de M. de « Louvois acquise par son intimité avec M. de Luxembourg. C'étoit un homme délicieux et magnifique, « aimé et considéré et qui avoit été toute sa vie dans « les meilleures compagnies où il avoit servi. Il étoit « lieutenant général, gouverneur de Valenciennes, et « avoit le régiment Royal-Italien, qui vaut beaucoup ; « dans sa vieillesse le plus beau visage du monde et le « plus vermeil, avec des yeux italiens et vifs, et les « plus beaux cheveux blancs du monde, et portoit « toujours le jupon à l'italienne. Louvois, qui l'ôta du « service, l'empêcha aussi d'être chevalier de l'Ordre, « quoique bon gentilhomme florentin. C'étoit d'ailleurs « un très bon homme, avec bien de l'esprit, de l'entendement et de l'agrément. » (*Mémoires du duc de Saint-Simon* publiés par Chéruel et Ad. Régnier fils. Hachette, in-18, 1873, tome IV, pages 250-251.)

Le Mercure Galant de mai 1705, pages 25-28, fait aussi un éloge sans réserve du défunt et du luxe de sa demeure, après avoir énuméré ses titres et qualités. « Il joignit au goût naturel qu'il avoit pour les plus « agréables commodités de la vie une grande magnifi- « cence et une grande somptuosité.

« Tous les étrangers qui passoient à Valenciennes « estoient également charmés de la profusion et de la « magnificence qui régnoient chez luy, ce qui donnoit « un nouveau prix aux plaisirs qu'on goûtoit dans sa « maison où on trouvoit un printemps perpétuel par « l'art qu'il employoit pour y cultiver les trésors de la « nature dans les saisons même les plus rudes. »

Bardo Bardi Magalotti était fils du cavalier Vincenzio Bardi, gentilhomme de la cour du grand duc de Toscane, et de Paola Magalotti, fille de Giulio Magalotti, d'une famille patricienne de Florence, et de Settinia Aldobrandini.

Il naquit le 15 juin 1629, à Florence probablement.

A l'âge de onze ans, appelé par son oncle Pierre Magalotti, il vint à Paris où il fut page des cardinaux Richelieu et Mazarin. Son oncle désirait le diriger dans la carrière des armes, mais il ne put le faire, étant mort d'une blessure qu'il reçut, le 20 juin 1645, au siège de la Mothe, où il servait comme mestre de camp de cavalerie. Le jeune Bardo hérita du nom, de la fortune et aussi de la vaillance de son oncle. Le 28 décembre 1645, Louis XIV lui donna une enseigne aux gardes françaises et l'autorisa à relever le nom de son oncle, frère de sa mère.

En 1646, Magalotti (c'est ainsi que nous l'appellerons désormais) assista aux sièges de Courtray, de Bergues et de Dunkerque ; en 1647, à ceux de la Bassée et de Lens. En 1648, étant lieutenant aux gardes françaises, compagnie de Grammont, il fut présent à la prise d'Ypres, ensuite à la victoire de Lens remportée par Condé sur les Espagnols. A cette dernière bataille, se trouvant seul, après que son bataillon eût été rompu, « il reçut de nombreux coups d'épée, dans son chapeau et dans son buste, d'un cavalier accouru pour lui arracher son enseigne »; il dut battre en retraite pas à pas et se défendit si bien que ce cavalier renonça à le poursuivre. (L'Hermite de Soliers, *la Toscane française*, Paris, in-4°, 1661, pages 132-133.)

En 1649, il se distingua, comme volontaire, avec plusieurs autres hommes du corps des gardes françaises, à la prise des ville et château de Condé, sur les Espagnols, par le comte d'Harcourt, commandant l'armée du Roi en Flandre. (*Gazette de France* de 1649, page 742.)

Une notice manuscrite du XVIIIe siècle sur Magalotti fait remarquer que le régiment des gardes françaises à cette époque était « un corps si respectable et si formi-« dable que, partout où il donnoit, il étoit sûr de la « réussite, tant il avoit d'expérience et de valeur. » (Bibl. Nat. *Dossiers bleus* 57, cote 1364, fol. 4.)

En 1653, au siège de Sainte-Menehould, Magalotti prit part à la construction des parallèles et autres travaux des assiégeants ; c'est dans ce siège qu'à la tête de peu de soldats il repoussa une sortie des assiégés et les força à rentrer dans la ville.

Dans la nuit du 27 août 1654, il combattit avec

Turenne, quand cet illustre capitaine attaqua les Espagnols qui, commandés par l'archiduc Léopold et le prince de Condé, avaient investi Arras, les força et, malgré les efforts du grand Condé, les mit en pleine déroute.

Le 7 septembre 1654, Mazarin écrivit de Paris au maréchal de Grammont, qui avait une affection toute particulière pour Magalotti, que le Roi avait donné à ce dernier les compagnies de Rouvray, d'Hervilliers *(sic)* et de Laugnac [aux gardes françaises]. (*Lettres du cardinal Mazarin* publiées par A. Chéruel, t. VI, page 317.)

La commission de capitaine aux gardes françaises en faveur de Magalotti fut expédiée le 27 novembre suivant.

En 1655, Magalotti prit part aux sièges de Landrecies, de Condé et de Saint-Guislain.

Le 27 juin 1655, Mazarin écrivait de La Fère à Turenne :

« Je croy qu'il est très à propos de ne toucher aux « troupes extraordinaires qui sont dans le Quesnoy, « Saint-Quentin et Guyse, car, dans la posture où les « ennemis se vont mettre, il ne faut pas douter que, « s'ils voyoient quelqu'une de ces places dégarnie, ils « n'allassent l'assiéger.

« Tout le régiment Suisse est dans Guyse et il y a dans « Saint-Quentin trois cens Italiens, trois cens cinquante « hommes de recrue des dix compagnies des gardes « qui ont esté au Quesnoy, commandez par Magalotti, « cent cinquante hommes du régiment de Périgueux,

« le régiment du gouverneur et huit cent chevaux. Je « croy même qu'aujourd'huy y seront entrez deux cent « hommes commandez du régiment de Rambures et « cent chevaux du corps de Roncherolles. » (*Lettres de Mazarin* déjà citées, t. vi, page 504.)

Le 19 mai 1656, Mazarin écrivit de Paris à M. d'Orty pour le remercier des services qu'il lui avait rendus dans la place de Condé et lui adresser ses protestations d'affection ainsi qu'à Magalotti. (Mêmes lettres, t. vii, page 624) (1).

En cette même année 1656, Magalotti assista aux siège et combat de cette ville de Valenciennes qu'il devait plus tard gouverner pendant 28 ans, de 1677 à 1705.

Le 18 octobre 1657, Mazarin s'adressa à Louis Centorio d'Avogadre ou de Lavogadre pour le prier de délivrer le sieur de Magalotti et quelques autres officiers de son régiment qui sont prisonniers.

Le texte de cette lettre est à la Bibliothèque Nationale aux *Mélanges de Colbert*, t. 51 A, fol. 386 verso. (*Lettres de Mazarin* déjà citées, t. viii, p. 640.)

Le 23 novembre suivant, le même écrivit au même, de Paris, pour lui recommander de prendre grand soin des malades et de tâcher de délivrer les prisonniers.

Le cardinal se loue de Caracène qui a renvoyé sans rançon Magalotti et deux autres capitaines de son régiment. (Bibl. Nat. *Mélanges Colbert*, t. 51 A, fol. 414. Mêmes *Lettres de Mazarin*, t. viii, p. 650.)

1. Le texte de cette lettre est aux archives du Ministère des affaires étrangères, Pays-Bas, t. 37.

Le *Journal historique du régiment des Gardes françaises* relate qu'en 1658 Magalotti se distingua, comme capitaine à ces gardes, tant dans les commissions dont il fut chargé par le maréchal de Turenne qu'au siège de Dunkerque et à la victoire des Dunes qui rendit Dunkerque aux Français, ainsi qu'aux sièges de Bergues, Gravelines, Menin et Ypres.

Magalotti « se montra hardi » à la prise de Mouzon par Turenne, le 26 septembre 1658, où il reçut six coups de pique et d'épée sans avoir été pour cela blessé. (L'Hermite de Soliers, déjà cité, pages 132-133.)

A trente ans, Magalotti était capitaine et avait à son actif trois batailles rangées et vingt-quatre sièges.

En 1659, il fut l'un des gentilshommes qui accompagnèrent Mazarin dans l'île des Faisans, où le grand ministre français régla avec don Louis de Haro, ministre d'Espagne, les conditions du traité des Pyrénées. Il accompagna aussi à la même époque le duc de Gramont en Espagne, lorsque celui-ci s'y rendit pour demander de la part de Louis XIV la main de l'infante Marie-Thérèse.

En 1660, lors de la création des mousquetaires noirs, Magalotti fut employé à leur faire faire l'exercice.

Le 30 mai 1661, il fut présent à la revue de sa compagnie de gardes françaises, faite en un champ près de Nancy par un commissaire et un contrôleur des guerres. (Original sur parchemin.)

Nous publions, aux *Pièces Justificatives*, cette curieuse montre d'armes qui fait partie des archives de Monsieur A. Bardi Serzelli, comte de Vernio.

En 1665, Magalotti se trouvait être le huitième capitaine du régiment des gardes françaises.

Au mois de juillet 1666, sa compagnie de gardes françaises se composait de 121 hommes. (Bibl. Nat. *Pièces originales* 1790, cote 41419, n° 2.)

En 1667, la guerre s'étant rallumée entre la France et l'Espagne, Magalotti prit part aux sièges de Charleroi, Tournay, Lille. A ce dernier siège, le 26 août au matin, le second bataillon des gardes françaises, qu'il commandait, et les régiments d'Auvergne et de Caramagny relevèrent la tranchée. Le duc de Chevreuse, quoique blessé, se mit à la tête de son bataillon, suppliant le Roi de lui laisser faire la garde. Le Roi s'y refusa et lui donna ordre de retourner à son quartier.

« Cependant, les gardes françaises continuant de « pousser et d'étendre leurs sapes, les assiégez leur « opposèrent une si furieuse gresle de mousquetades « et de grenades qu'encor qu'ils l'essuyassent avec la « dernière valeur et fermeté elle leur fit perdre quel« que terrein, et le sieur Magalotti, se signalant à son « ordinaire, fut blessé d'un coup de mousquet au « travers du corps. » (*Gazette de France* de 1667, p. 997.)

En 1670, Magalotti reçut le grade de brigadier des armées du Roi et commanda en Languedoc.

L'année suivante, le Roi lui donna ordre de se rendre en Italie et d'y lever un régiment de cette nation. Magalotti exécuta cet ordre avec la plus grande diligence et composa en très peu de temps ce régiment de

27 compagnies de 104 hommes chacune, soit un total de 2.808 hommes.

A son retour en France, il se rendit auprès du Roi qui le reçut très gracieusement, donna à ce nouveau régiment le nom de Royal-Italien et voulut qu'il fût habillé de la couleur de l'habit qu'il portait ce jour-là et qui était brun-café.

Magalotti qui reçut du Roi le commandement de ce régiment le conserva jusqu'à sa mort, tout en continuant à servir dans les gardes françaises. Il fut fait inspecteur de l'infanterie française le 3 novembre 1671.

En cette même année 1671, nous voyons Magalotti en relations des plus amicales avec Madame de Sévigné. Le 9 avril 1671, après avoir reçu la visite du glorieux et séduisant capitaine, la spirituelle marquise écrivait, de Paris, à sa fille, Madame de Grignan, la lettre suivante, précieux témoignage de la haute estime dont Magalotti jouissait à la cour du grand roi.

« Voilà M. de Magalotti qui s'en va en Provence, je « voudrais bien aller avec lui. Je ne sais s'il sentira « bien le plaisir de vous voir ; pour moi, j'y serais fort « sensible. Le voilà qui se joue avec ma petite-fille ; il « vous trouve fort honnête femme en la regardant : « pour moi, qui trouve les Grignans fort beaux, je la « trouve fort à mon gré. Je crois que vous serez aise de « voir un homme de mérite, un homme du monde, un « homme avec qui vous parlerez français et italien, si « vous voulez ; un homme dont les perfections sont « connues de toute la cour ; un homme enfin, un « homme qui vous porte deux paires de souliers de

« chez Georget (1). Que puis-je encore vous dire ? Il « s'en va voir Mme de Monaco (2) et je parie que vous « lui écrirez par lui. Il dit que, sans ma lettre, il ne « seroit jamais reçu de vous comme il le veut être ; « enfin il se moque de moi ; et moi, je l'envie, et je « vous embrasse de tout mon cœur, et point du tout pour « finir ma lettre. » (*Lettres de Madame de Sévigné* annotées par Monmerqué. Paris, Hachette, 1862, in-8°, tome II, page 157.)

En 1672, Magalotti accompagna le Roi en Hollande, à la tête de son régiment des gardes françaises, fut fait maréchal de camp le 15 avril et, en cette qualité, servit dans l'armée de Condé et au siège d'Arnheim, sous Turenne, qui avait dû prendre le commandement à la suite de la blessure que Condé avait reçue au passage du Rhin. Turenne, ayant renvoyé les bourgeois d'Arnheim au Roi pour la capitulation et voyant la prise de cette place assurée, en partit, le 15 juin 1672, avec le plus gros de son armée, pour aller attaquer le fort de Knodzenburg ou Kenossembourg, aussi appelé le fort de Nimègue, situé entre le Wahal et le Rhin.

« Le même jour au soir, dit *La Gazette de France*, « on en insulta les dehors et l'on fit, sur la contres- « carpe, un grand logement, par lequel on demeura « maistre du chemin couvert, nonobstant le feu extraor- « dinaire des assiégez qui tirèrent toute la nuit une « telle quantité de coups de canon que ceux qui

1. Fameux cordonnier pour les femmes.

2. Catherine-Charlotte de Gramont, femme de Louis de Grimaldi, prince de Monaco, duc de Valentinois, pair de France, morte à Paris, le 5 juin 1678, à trente-neuf ans.

« l'entendoyent d'Emmeric avoyent peine à s'imaginer « où se faisoit un si grand bruit, ne croyans pas qu'un « fort pust se défendre avec un pareil tonnerre.

« Comme ils tiroyent de fort près et à cartouche, ils « mirent hors de combat environ 300 soldats des régi- « ments de Champagne, Lionnois et Louvigny, comme « aussi quelques officiers, entre autres le comte de « Bardi-Magalotti, mareschal de camp, qui eut un doigt « d'une main emporté et fut blessé aussi à l'autre ; le « sieur Plastrière, lieutenant colonel du régiment « Lionnois, fut blessé à mort et le sieur d'Alsan, le fils, « lieutenant de la colonelle de Champagne, tué. » (*Gazette de France* de 1672, page 623.)

En considération de cette blessure, Magalotti reçut du Roi une gratification de trois mille livres dont il donna quittance, le 30 juillet 1672, dans les termes suivants :

« Nous Bardo Bardi Magollotty, mareschal de camp, « confessons avoir receu comptant de maistre François « Lemaire, escuyer, sieur de Villeromard, conseiller « du Roy en ses conseils, trésorier général de l'extraor- « dinaire des guerres, par les mains de son commis, la « somme de trois mil livres à nous accordée par « Sa Majesté en considération de la blessure que nous « avons receue au siège de Kenossembourg, de laquelle « somme de III m l. nous nous tenons contens, bien payé « et en avons quité et quitons le dit sieur de Villero- « mard et tous autres. Fait ce XXX[e] juillet MVI[c] soixante « et douze. [Signé] Bardi Magalotty. » Au dos de cet acte est écrit d'une autre main que celle de Magalotti :

« Pour servir de quittance de la somme de trois mil « livres qu'il a pleu au Roy de me donner de gratifi- « cation. » (Original sur parchemin. Bibl. Nat. *Pièces « originales* 1790, cote 41419, n° 4.)

En avril 1672, Magalotti avait été naturalisé français, ainsi que son frère François-Louis Bardi.

En 1673, au commencement du mois de juin, il fut l'un des deux maréchaux de camp qui servirent dans l'armée de Condé en Hollande. A la tête de la brigade de la Mothe, auprès de l'écluse d'Ameyden, « il enleva « la garde avancée des Hollandais, en tua quelques « uns, en fit d'autres prisonniers et poussa le reste « jusque dans leur gros, qui en prit une telle épouvante « que le Prince d'Orange fut obligé à y venir le lende- « main pour augmanter les troupes de ce poste dont il « fit arrester deux capitaines, sous prétexte qu'ils « s'estoyent portez trop négligemment en cette petite « occasion. » (*Gazette de France* de 1673, page 548. *Correspondance d'Utrecht* du 8 juin 1673.)

Le 17 juin 1673, Magalotti donna quittance d'un quartier de ses appointements de maréchal de camp de la façon suivante :

« Nous Bardo Bardi Magalotty, mareschal de camp « des armées du Roy, confessons avoir receu comptant « de maistre Louis Jossier, trésorier général de l'extraor- « dinaire des guerres et cavalerie, la somme de treize « cens vingt quatre livres en louis d'or et monnoye, à « nous ordonnée pour nos appointemens en la dicte « qualité pendant le mois de février et mars mil six cens « soixante treize, y compris l'entretenement de six

« gardes servans près nostre personne. De laquelle « somme de XIII^{c} XXIIII l. nous quittons ledict sieur « Jossier et tous autres. Faict le dix septieme juin 1673.

(Signé) « BARDI MAGALOTTY ».

Au dos de cet acte, de la main de Magalotti : « Pour « servir de quitanse de la somme de trese cent veinte « quatre livres pour mes apointemans des moies de « février et mars de l'année 1673 an qualité de mares- « chal de camps et pour l'entretenement des gardes « servant près de nostre personne. » (Bibl. Nat. *Pièces originales* 1790, cote 41419, n° 5. Original sur parchemin.)

Le 14 juillet suivant, Magalotti reçoit du Roi une nouvelle gratification de 4000 livres dont il donne aussi quittance :

« Nous Bardo Bardi Magaloti, mareschal de camp « et armées du Roy, confessons avoir receu comptant « de maistre Louis Jossier, sieur de la Jonchere, con- « seiller du Roy, trésorier general de l'extraordinaire « des guerres et cavallerie légère, par les mains de son « commis, la somme de quatre mil livres à nous ordon- « née par Sa Majesté par gratiffication. De laquelle « somme de IIII^{m} l. nous quittons ledit sieur de la Jon- « chere, tresorier general de l'extraordinaire des guerres, « son dict commis et tous autres. Faict ce quatorziesme « jour de Juillet mil six cens soixante treize.

(Signé) « BARDI MAGALOTI ».

Au dos de l'acte de la main de Magalotti : « Pour « servir de quitanse de la somme de quatre mile livres « qu'il a pleu au Roy m'acorder par gratification. »

(Bibl. Nat. *Pièces originales* 1790, cote 41419, n° 6. Original sur parchemin.)

A la fin de 1673, Magalotti commanda dans la ville de Kempen qu'il abandonna, le 19 décembre, par ordre du Roi, fit conduire tous les bagages, les munitions et l'artillerie dans la ville d'Arnheim et, en mai 1674, revint avec les troupes qui évacuèrent toutes les places de la Hollande et du Rhin.

Le 14 juillet 1674, le duc de Luxembourg partit du camp d'Ettines-Basses près de Binche en Hainaut pour aller se poster sous Philippeville et y observer les démarches des Impériaux, avec un corps de troupes, détaché de l'armée du prince de Condé, de 9 à 10000 hommes, cavalerie, infanterie et dragons. Il était accompagné de deux maréchaux de camp, le comte Bardo Magalotti et le marquis de Montauban, et du marquis de la Frézelière père, qui commandait un beau train d'artillerie. (*Gazette de France* de 1674, page 713.)

La fin de l'année 1674 fut marquée par la conspiration et l'exécution du chevalier de Rohan.

Louis de Rohan, dit le chevalier de Rohan, né vers 1635, fils de Louis de Rohan, VIIe du nom, prince de Guémenée, duc de Monbazon, pair et grand veneur de France, chevalier des ordres du Roi, mort en 1667, et d'Anne de Rohan, morte en 1685, se fit remarquer par son luxe et ses aventures galantes ; il fut l'amant de la marquise de Thianges, sœur de Madame de Montespan, célèbre, comme elle, par son esprit et sa beauté, et enleva Hortense Mancini à son mari, le duc de Mazarin. D'une grande bravoure, il se distingua à l'attaque des lignes d'Arras en 1654, au siège de Landrecies en 1655, fut reçu, le 9 février 1656, en survivance de la charge de grand veneur de France dont il se démit en 1670; il suivit Louis XIV dans les campagnes de Flandre (1667) et de Hollande (1672); enfin, criblé de dettes, il ourdit, avec Latréaumond, officier subalterne, un complot pour livrer Quillebeuf aux Hollandais et soulever la Normandie. Ce complot fut découvert et Rohan, arrêté, fut condamné à mort et décapité à Paris, le 27 novembre 1674. Quelques jours avant l'exécution, on représenta devant le Roi la tragédie de *Cinna* pour exciter sa pitié et sa clémence. Mais ses ministres lui firent sentir la nécessité d'un exemple et le traître fut livré au supplice qu'il avait mérité.

Bourdaloue avait été envoyé auprès du chevalier de Rohan pour l'exhorter à mourir courageusement, il ne put y réussir. Magalotti, qui se trouvait aux environs et auquel le grand prédicateur eut recours, fut plus heureux, comme on peut en juger par la curieuse lettre suivante que le protestant Bayle écrivit de Rouen, le 15 décembre 1674, à M. Minutoli : « On dit que le « Père Bourdaloue aiant employé cinq ou six jours à « résoudre à la mort le chevalier de Rohan, comme il « fut question de monter sur l'échafaut, il trouva son « pénitent dans le plus mauvais état du monde et ne « voulant rien moins faire que mourir. Le Père fait « suer toute sa rhétorique, se munit des lieux communs « de réserve et n'avance rien. Il s'en va prier quelques « capitaines aux gardes qui étoient aux portes de la « Bastille et aux rues voisines de venir à son secours,

« que sa théologie etoit à bout et qu'il ne savoit plus « de quel bois faire flèche. La dessus, un capitaine aux « Gardes, nommé Magalotti (1), s'avança et exhorta le « chevalier à mourir, d'une façon fort cavalière, car il « renioit souvent. « Par la tête-Dieu, Monsieur le « chevalier, vous êtes bon de craindre la mort. Un « homme de votre profession doit-il avoir peur de « rien ? Et, mort-Dieu, figurez-vous que vous êtes à la « tête d'une tranchée, au milieu de cent boulets de « canon qui vous frisent la perruque ; songez que « vous êtes à l'assaut. » Cela fut mieux goûté que « toute la morale du jésuite et le criminel envisagea la « mort sans effroi, après une exhortation si chrétienne. « Pour le bourreau, il fut si glorieux d'avoir fait voler « la tête d'un prince qu'il ne daigna pas profaner ses « mains à pendre le maître d'école, complice de la « conjuration. Mais, après avoir fait trois décolations, « il dit à ses valets fort fièrement : « Vous autres « pendez cela », en leur montrant le misérable Van « den Ende (2), qui est belge, et pourtant il est renoncé « et par les Hollandois et par les Flamans. » *(Lettres choisies de M. Bayle avec des remarques*, Rotterdam, 1714, tome 1er, page 54.*)*

Le 28 mars 1675, sur la démission et en remplacement de M. de Pradels, Magalotti fut fait lieutenant-colonel des gardes françaises. « Ces jours passez, dit « *la Gazette de France*, dans une correspondance de

1. Depuis lieutenant général et gouverneur de Valenciennes. *(Note de Bayle.)*

2. C'est ce même Van den Ende dont le fameux Spinosa fut élève et de qui il reçut les premières teintures de la doctrine dont il a rempli ses ouvrages. Il se nommait François Van den Ende. *(Note de Bayle.)*

« Versailles du 26 avril 1675, le régiment des gardes « françoises passa en reveüe devant le Roy, et il se « trouva de 4,600 hommes effectifs, sans compter les « officiers et les sergens. Le sieur duc de la Feüillade, « qui en est colonel, fit recevoir le sieur Bardi Maga- « lotti, maréchal de camp des armées du Roy et pre- « mier capitaine dudit régiment, Sa Majesté luy ayant « donné la charge de lieutenant colonel, en considéra- « tion de ses services. » (*Gazette de France* de 1675, page 308.)

En 1675, comme les années précédentes, Magalotti servit dans l'armée que Louis XIV commanda en personne aux Pays-Bas.

Le 1er juin 1675, le Roi donna ordre au marquis de Rochefort d'assiéger Huy sur la Meuse et détacha les sieurs Magalotti, de Chasaron et de la Trousse pour aller servir à ce siège (*Gazette de France* de 1675, p. 405, correspondance du camp de la Tanne). Magalotti y fut très utile. Après la reddition de cette place, il rejoignit l'armée du Roi qui le détacha de nouveau et le chargea de conduire l'infanterie qu'on envoyait au duc d'Enghien pour assiéger les ville et citadelle de Limbourg où Magalotti arriva le 11 juin. La ville fut prise le 21 juin par le duc d'Enghien, après sept jours de tranchée ouverte. Magalotti se distingua à ce siège par ses bons ordres.

Le 25 février 1676, Louis XIV récompensa Magalotti de ses longs services par le brevet de lieutenant général de ses armées.

La même année, Magalotti servit dans l'armée commandée par Louis XIV et qui vint mettre le siège devant Condé. Dans la nuit du 22 au 23 avril, Magalotti et le comte d'Auvergne, maréchal de camp et colonel général de la cavalerie, continuèrent la tranchée avec deux bataillons du régiment du Roi et un de celui de Montpezat et firent achever les batteries qui, étant bien servies par les ordres du duc de Lude, abattirent en peu de temps les défenses d'une redoute de pierre et ruinèrent les palissades des demi-lunes et des contrescarpes (*Gazette de France* de 1676, page 331). Les dehors de la ville ayant été déjà emportés, elle se rendit le 25 avril.

Louis XIV forma ensuite une armée pour son frère, le duc d'Orléans, et le chargea d'aller investir Bouchain. Magalotti fut l'un des lieutenants généraux qui aidèrent ce prince à assiéger cette ville ; comme tel, il fit l'ouverture de la tranchée dans la nuit du 6 au 7 mai, à la tête du régiment des fusiliers et de gardes-suisses. Le duc d'Orléans commanda alors d'attaquer les dehors à Magalotti qui les emporta à quatre heures de l'après-midi, l'épée à la main ; on y arbora le drapeau, les troupes y logèrent et battirent aussitôt la chamade. Peu avant les siège et prise de Bouchain, Magalotti avait pris et fait miner la tour de Raismes, que Monsieur fit sauter.

Magalotti s'empara ensuite du fort de Soty qu'il fit sauter et ne se distingua pas moins au siège d'Aire (1676), où il servit, sous le maréchal de Humières, gouverneur de Lille et de la Flandre conquise. (*Gazette de France* de 1676, page 568.)

En 1677, Magalotti prit part au siège de Valenciennes, par Louis XIV, comme lieutenant général, sous le même maréchal ; il donna, pendant tout ce siège, de grandes preuves de son expérience, de sa capacité et de sa valeur, particulièrement en ouvrant la tranchée, le 10 mars, par ordre du Roi, et à l'attaque du chemin couvert où, bien qu'il n'ait pas été commandé pour cela, il alla se mettre à la tête des gardes françaises. On sait que la conquête de cette ville fut l'heureux effet de la valeur des mousquetaires qui, le 17 mars 1677, se rendirent maîtres de la place en y entrant par une poterne, pêle-mêle avec les ennemis. Louis XIV reconnaissant de tant de services, donna, le lendemain, le gouvernement de la ville à Magalotti, la lieutenance de Roi au sieur Foucaut, lieutenant-colonel du régiment de Bourgogne, et la majorité au sieur de Chazerat, capitaine au régiment de Navarre et qui avait servi d'ingénieur dans ce siège et dans plusieurs autres. (*Gazette de France* de 1677, page 236.)

« Ce qu'il importe de faire connaître, dit M. de « Pajol (1), c'est l'amour des Valenciennois pour leur « gouverneur. Valenciennes, capitale du Hainaut fran- « çais, venoit de se rendre à Louis XIV qui l'avoit « assiégée en personne. La bonté du Roi et leur sou- « mission à bâtir une citadelle à leurs dépens sauva les « habitants du pillage qu'ils ne pouvoient éviter. Mais, « fidèles et inviolablement attachés à leur souverain, « ils étoient désespérés de se voir sous une nouvelle

1. *Galerie historique universelle.* Paris et Valenciennes, 1786-1789. In-4°, orné de 144 gravures au trait, dont l'une est le portrait de Magalotti d'après la gravure de C. Vermeulen.

« domination, dont la politique espagnole les avoit « effrayés. Le comte Magalotti, par sa justice, sa bonté, « son affabilité et son adresse à manier les esprits, les « subjugua et les rendit heureux. Leurs propriétés « respectées, leurs usages conservés, obtenant une « prompte justice dès qu'ils la requéroient, vivant sous « la protection des lois sans crainte de trouble ni de « vexation, n'ayant rien à désirer, ils ne cessèrent de « faire des vœux pour le Roi, leur nouveau maître, « chérirent le gouvernement et en rendirent grâces à « M. Magalotti. Leur reconnaissance et leur amour « pour lui étoient tels que chaque famille se croyoit « obligée d'avoir son portrait ; tout citoyen le regardoit « comme la pièce principale du ménage, et le moins « aisé ne s'établissait pas sans se le procurer. Sa « mémoire est encore chère à tous les habitants ; ils « aiment à transmettre à leurs enfants les traits de « justice et d'affabilité qui caractérisoient ce général ; « ils racontent, entre autres, que chaque fois que leur « bon gouverneur venoit à Valenciennes, le peuple le « suivoit avec acclamation jusqu'à son hôtel et ne se « retiroit qu'après qu'il avoit eu la bonté de boire un « verre de vin à sa santé. »

En 1677 et 1681, Magalotti jouissait d'une pension de 1,500 livres sur le Trésor Royal. (Archives Nationales, K.119^{B}, n°s 38^{5} et 48^{6}.)

A la fin de 1677, le Roi donna ordre à Magalotti d'aller servir, comme lieutenant général, au siège de Saint-Guislain qui fut complètement investi dans la nuit du 30 novembre au 1er décembre et pris le

11 décembre. (*Gazette de France* de 1677, page 974.)

Après la reddition de cette place, Magalotti retourna dans son gouvernement de Valenciennes, où il se reposa des fatigues de la guerre en faisant le bonheur des habitants de cette ville.

Le 9 avril 1679, il donna quittance d'une année de ses gages de lieutenant-colonel des gardes françaises.

Voici le texte de ce document :

« Nous Bardo Bardy Magalotti, lieutenant colonel « du régiment des gardes françoises, confessons avoir « receu de maistre François Le Maire, sieur de Villero- « mard, conseiller du Roy, tresorier general de l'extra- « ordinaire des guerres et cavalerie legere, par les « mains de maistre Jacques Boullard, aussy conseiller « du Roy, tresorier paieur dudit regiment, la somme « de unze cens livres à luy ordonnée pour la paie de « lieutenant que Sa Majesté lui a accordée en la dite « quallicté pendant les douze mois de ladite année 1678, « à raison de IIII^{xx} XI l. XIII s. IIII d. par mois, de laquelle « somme de XI^{c} l. nous quittons les dits sieurs tresoriers « et tous autres. Fait ce neufviesme jour d'avril mil six « cens soixante dix neuf. »

(Signé) : Bardi MAGALOTTY.

(Bibl. Nat. *Pièces originales* 1790, cote 41419, n° 7. Original sur parchemin.)

Magalotti n'avait été nommé gouverneur de Valenciennes, le 18 mars 1677, que pour trois ans. Ses lettres de provisions lui furent en conséquence renouvelées, tous les trois ans, à partir de cette date, notamment les 6 avril 1680, 14 octobre 1689, 16 mars 1693, 25 janvier 1696. (Archives Nationales, K. 119[B], n° 43; K. 121[1], n°s 8 et 23 ; K. 121[2], n° 31.) Nous nous bornons à donner, aux *Pièces Justificatives*, le texte du premier de ces documents.

Le 8 mars 1681, Magalotti prit sa retraite en donnant sa démission de lieutenant-colonel des gardes françaises.

Le 9 novembre 1686, les ambassadeurs du roi de Siam vinrent à Valenciennes dans les carrosses du Roi. Magalotti les reçut au bruit du canon, alla les complimenter chez le sieur Doilly où ils étaient logés, leur fit voir les fortifications de la ville et, après les avoir bien traités, leur fit présent de deux tableaux de tapisserie très curieux de la manufacture de la ville. (*Abbrégé de l'histoire de Valenciennes* par de Prés. Lille, 1688, in-4°, page 124.)

Il semble qu'un dernier et suprême honneur était bien dû à Magalotti pour ses longs et éclatants services, celui du cordon bleu. Le Roi eut un moment la pensée de le lui donner, mais, s'il faut en croire l'article que Saint-Simon a consacré à Magalotti dans ses *Mémoires* et que nous avons reproduit au début de cette notice, Louis XIV en fut dissuadé par Louvois qui, le 30 décembre 1688, écrivit de la part du Roi à Magalotti pour lui dire que « Sa Majesté regrettait de n'avoir pu le com-« prendre dans la prochaine promotion des chevaliers « de l'ordre du Saint-Esprit, mais qu'il penserait à lui « pour une des prochaines vacances. » (*Journal de Dangeau*, t. II, page 241.)

Le 21 septembre 1698, Louis XIV donna à Magalotti

les charges d'officiers supérieurs du Royal-Italien dont celui-ci était colonel. Cela procura à Magalotti de 10 à 12.000 livres de rente. (*Journal de Dangeau*, tome VI, page 425.)

Magalotti mourut, sans alliance, à Paris, le 10 avril 1705, âgé de 75 ans. (*Gazette de France* de 1705, page 192).

Ses armes sont enregistrées de la façon suivante, dans l'*Armorial général de France* (1), recueil officiel, dressé et paraphé, en vertu de l'édit royal de novembre 1696, par Charles d'Hozier, juge d'armes de France et garde dudit Armorial : *Ecartelé : aux 1 et 4, d'or à cinq losanges de gueules mises en bande, surmontées d'une couronne d'épine de sinople*, qui est Bardi ; *aux 2 et 3, fascé d'or et de sable de six pièces, au chef de gueules chargé du mot LIBERTAS en lettres capitales d'or*, qui est Magalotti. (Registre de Versailles. Descriptions, page 119. Blasons coloriés, page 114.)

Magalotti avait un frère, François-Louis Bardi, qui, en même temps que lui, fut naturalisé français en avril 1672, comme nous l'avons déjà dit, et une sœur Madeleine Bardi qui épousa à Florence, par contrat du 21 janvier 1644, Nerozzo Albergotti, sénateur, mort en 1663 ; ce dernier avait été baptisé le 4 mai 1616, il était fils de Jerolamo Albergotti et de Marie Tornaboni, il apporta une dot de 15.000 ducats. De cette alliance vinrent :

1° Le marquis Albergotti, qui resta en Italie ;

1. Manuscrit original de la Bibliothèque Nationale.

2° François-Zénoble-Philippe Albergotti, né à Florence, le 25 mai 1654, et baptisé à Saint-Jean de cette ville, naturalisé français, comme son oncle Magalotti, par lettres données à Saint-Germain-en-Laye en février 1681 ; ce personnage devint maréchal des camps et armées du Roi, lieutenant général, gouverneur de Sarrelouis, colonel du Royal Italien ; il fut nommé chevalier des ordres du Roi, le 12 décembre 1710, après avoir soutenu le siège de Douai pendant cinquante-cinq jours de tranchée ouverte ; il mourut à Paris, le 25 mars 1717, et fut enterré à Saint Eustache (1).

Son inventaire après décès fut fait par Demahault et son confrère, notaires au Châtelet de Paris, du 3 au 11 mai 1717, à la requête de son neveu et unique héritier, haut et puissant seigneur messire Alexandre, marquis Albergotty, aussi colonel du Royal-Italien. (Bibl. Nat. *Pièces originales* 20, cote 552, fol. 4.) Il portait les armes de son oncle Magalotti, telles qu'elles sont ci-dessus décrites, et sur elles : *Bandé de sable et d'or de six pièces, la seconde bande de sable chargée d'une étoile à six rais d'or*, qui est Albergotti. (*Père Anselme*, tome IX, page 258. *Armorial général de France.* Registre de Versailles. Descriptions, page 120. Blasons coloriés, page 114.)

3° Le chevalier Albergotti, tué le 3 août 1709 en attaquant l'abbaye d'Hasnon sur la Scarpe. Il fut proba-

1. Bertin du Rocheret, président en l'élection d'Eperuay vers 1750, a tracé de ce capitaine le curieux portrait suivant : « Humeur sombre, mélancolique ; grave, composé, retiré « en soy-mesme ; air impérieux, pensif ; allant à ses fins ; parlant peu ; prévenu de ses « sentimens ; dédaignant ceux des autres ; circonspect au delà des bornes ; ne se croyant « jamais de troupes assez, prévoyant ce qu'il falloit éviter ; usant de precautions sans « nombre. » (Bibliothèque Nationale. *Dossiers Bleus* 7, cote 208, folio 16).

blement père d'Alexandre, marquis Albergotti, précité et qui hérita de son oncle François-Zénoble-Philippe Albergotti en 1717.

4° Un autre chevalier Albergotti au sujet duquel le *Mercure galant* de mai 1705, pages 25-28, s'exprime ainsi : « Entre les enfans du marquis Albergotti, on ne « doit pas oublier M. le chevalier Albergotti élevé « à Valenciennes auprès de son oncle. Ce jeune « seigneur entra de bonne heure dans le régiment Royal « Italien. Il y fit ses premières campagnes à l'âge de « quatorze ans en qualité de lieutenant; peu de temps « après, il fut fait capitaine, ensuite major et, quelque « temps après, le Roy lui donna une commission de colo- « nel avec la permission de retenir la majorité du Royal « Italien. Touché d'une grâce particulière, il se retira à « la Trape, où il n'a vécu que deux ans et quatre mois. « Il y est mort en 1699, agé de 27 ans, sous le nom de « frère Achille. Il estoit né à Arrezo en Toscane. »

La branche des Bardi à laquelle appartenait Magalotti a fini en 1738 dans son neveu Vincenzio Bardi dont l'héritage passa dans la famille Alamani, éteinte au commencement du siècle dernier.

La maison Bardi a pour représentant actuel (1903) Albert Bardi Serzelli, comte de Vernio (1), noble patricien de Florence, époux de Marie Crevenna, fille de feu le comte Gérôme Crevenna, de Milan. Albert Bardi Serzelli est fils de Ferdinand Bardi, décédé en 1893 (2), et de

1. Voir : *Studi Storici. Signoria dei conti Alberti su Vernio e l'Appennino*, par Paolo Edlmann. — *Vernio. Vita e morte di un feudo*, par le Comte Ferdinand Bardi. Florence. 1886. Petit in-8° de 280 pages.

2. Une intéressante notice nécrologique sur Ferdinand Bardi a été écrite par M. le chanoine Corrado Confalonieri, de Florence.

4

Lucrèce Dufour Berte, fille de feu le marquis Edouard Dufour Berte, de Florence. La sœur unique d'Albert Bardi Serzelli est mariée au marquis Jules Cattaneo della Volta, de Gênes.

L'original du portrait de Magalotti, peint par Nicolas de Largillière et deux fois gravé par C. Vermeulen en 1693 (1) et par Malfesan, est actuellement la propriété de M. Julien Dècle, conservateur du musée de Valenciennes, qui a fait, en 1846, une copie de ce portrait pour la galerie historique de la *Société d'Agriculture, Sciences et Arts de l'arrondissement de Valenciennes.* Dans cette copie, M. Dècle a reproduit les armoiries de Magalotti. Il y a aussi au musée de Valenciennes, parmi les tableaux d'auteurs inconnus et sous le numéro 429, un portrait en pied de Bardo Bardi Magalotti, premier gouverneur français de Valenciennes en 1677, représenté sous une tente, en tenue de combat. Cette toile a 2 m. 18 de hauteur sur 1 m. 35 de largeur. Son beau cadre en chêne sculpté provient des achats faits à l'église Saint-Géry en 1866. Nous donnons une reproduction de cet excellent portrait, d'après une photographie bien réussie faite par M. P. Giard, de Valenciennes. Vu les grandes dimensions de la toile et surtout le poids énorme du cadre, l'opérateur n'a pu déplacer le tableau pour le mettre en meilleure lumière ; de ce fait beaucoup de détails ont été perdus, mais la tête est bien venue, c'est le point essentiel. Nous

1. Le portrait que nous donnons en tête de cette Notice est la reproduction exacte de la belle et rare gravure de C. Vermeulen.

retrouvons là, sous des traits plus jeunes et plus vigoureux que ceux du portrait gravé par C. Vermeulen, la belle figure de Magalotti, sa physionomie animée et pleine de décision.

Magalotti ayant joué un rôle important lors du siège de Valenciennes, nous avons cru intéressant de donner aussi une reproduction du remarquable tableau d'Antoine-François van der Meulen, représentant *Valenciennes prise d'assaut, et sauvée du pillage par la clémence du Roy, le 16 mars 1677.* Cette œuvre capitale est conservée au musée du Louvre (salle XXXVII, sous le n° 2042) (1) ; elle a été gravée par Robert-François Bonnart, élève de van der Meulen.

L'*Abbrégé de l'histoire de Valenciennes* par de Prés, Lille, 1688, in-4°, est dédié *à Mgr Magalotti, lieutenant général des armées du Roy et gouverneur de Valenciennes.* Les armes de Magalotti figurent sur les plats de la reliure de ce volume qui se trouve à la Bibliothèque Nationale,

sous la cote (L k 7) 10041. J. Guigard en fait mention dans son *Nouvel Armorial du Bibliophile*, tome II,

1. Voir le *Catalogue sommaire des peintures exposées dans les galeries du Musée du Louvre.* Édition de 1902, page 165.

page 335; la bibliothèque de la ville de Valenciennes conserve aussi un exemplaire de cet ouvrage, en parfait état, sous la cote U. 4. 22. — Nous donnons, à la page précédente, la reproduction du fer de cette reliure.

Sur le siège de la ville de Valenciennes en 1677 et sur le gouvernement de cette place par Magalotti, on peut consulter :

Relation du siège et de la prise de Valenciennes. Paris, 1677, in-4°.

La campagne du roi très chrétien en l'année 1677, par Visconti, comte de San Majole. Paris, 1678, in-12.

Lettre du duc de Saint-Aignan (François de Beauvilliers) et réponse de Louis XIV, sur la prise de Valenciennes en 1677, dans les *Mémoires* de l'abbé d'Artigny, tome IV, page 309. Paris, 1649, in-12.

A. Dinaux. *Siège et prise de Valenciennes en 1677 par Louis XIV*. Valenciennes, 1856, in-8°.

Ce dernier volume est à la Bibliothèque communale de Valenciennes, sous la cote S. 6, 42; on y a joint la pièce suivante revêtue de la signature autographe de Magolotti :

« Bardo Bardi Magalotti, Lieutenant Général des « Armées du Roy, Lieutenant Colonel du Régiment « des Gardes Françoises, Colonel Lieutenant du Régi- « ment Royal Italien de Sa Majesté, et Gouverneur de « Valenciennes, etc.

« Certiffie à tous qu'il apartiendra que la R. Merre, en « son nom et pour toutes les Religieuses de la Congré- « gation de Nostre Dame des Anges de cette ville, a

« presté le serment de fidélité au Roy entre nos mains,
« à Valenciennes, le 13e de juin 1677. »

Le premier paragraphe de ce certificat est imprimé, le second est manuscrit.

Nous possédons dans nos collections une pièce du même genre que la précédente : c'est un congé délivré par Magalotti à un soldat du Royal Italien ; nous en donnons, ci-contre, la reproduction.

NOTES HISTORIQUES

RELATIVES AU

TABLEAU GÉNÉALOGIQUE

Le tableau généalogique que nous publions en tête de cette Notice, grâce à l'extrême obligeance de M. A. Bardi-Serzelli, de Florence, qui a bien voulu nous le communiquer, fait ressortir les illustres alliances des familles Bardi et Magalotti.

Nous relevons en effet, parmi les ancêtres paternels et maternels du vaillant lieutenant général, les noms suivants qui sont tous de très ancienne noblesse florentine :

Paganelli. De la même souche que les Paganelli qui furent seigneurs du château de Montemagno, près de Pise, et dont était issu le pape Eugène III. Ils donnèrent deux gonfaloniers et dix-neuf prieurs à la République de Florence. Eteints en 1778.

Serristori. Illustre famille déjà connue en 1384 et qui donna à la même République dix gonfaloniers et vingt-sept prieurs, et au gouvernement des Médicis cinq sénateurs dont le premier, Averardo, fut ambassadeur de Cosme Ier à la Cour Impériale et auprès du Pape en 1554. Ils eurent le titre de comtes palatins en 1439. Cette maison s'est éteinte dans les Tozzoni.

Antinori. Une des plus anciennes et des plus illustres familles de Florence. Originaire de Lucques, établie à Florence en 1263. Elle a fourni trois gonfaloniers, vingt-trois prieurs, plusieurs sénateurs, des évêques, etc. Une branche s'établit à Lyon. Des deux branches encore existantes, l'une porte le titre ducal de Brindisi.

Gianfigliazzi. Connus depuis le XIIIe siècle, dix gonfaloniers, trente prieurs, plusieurs illustres capitaines aux XIIIe et XIVe siècles. Eteints en 1764.

Mannelli. Maison ancienne qui produisit dix prieurs, des guerriers, des podestats, un évêque d'Osimo en 1345, etc. Elle est représentée aujourd'hui par le marquis Mannelli-Riccardi.

Acciaioli. Une des plus anciennes, riches et puissantes maisons de Florence où elle était connue dès 1160 ; elle donna seize gonfaloniers, soixante-cinq prieurs, onze sénateurs, trois cardinaux, de nombreux évêques, ambassadeurs, capitaines, etc. Le plus célèbre, Nicolo, grand sénéchal de la reine Jeanne II de Naples, comte de Melfi, et souche des Acciaioli qui, dans le Péloponèse, possédèrent, jusqu'en 1463, le duché d'Athènes, Thèbes, Corinthe, Mégare, Platée, etc. Eteints en 1834.

Girolami. Connus depuis 1260. Quatre gonfaloniers, treize prieurs, un sénateur, un cardinal, deux archevêques, des ambassadeurs, etc. Famille éteinte.

Altoviti. Maison illustre et très ancienne, d'origine lombarde, établie à Florence au XIIe siècle. A produit onze gonfaloniers, cent sept prieurs, douze sénateurs, quatre-vingt-dix podestats, vingt-quatre vicaires, des évêques, ambassadeurs, commissaires de la République, etc. Marquis du Saint Empire Romain depuis 1633. Cette maison existe encore aujourd'hui.

Aldobrandini. Maison historique que l'on fait remonter à l'an 960. Divisée en plusieurs branches, qui eurent ensemble quatre-vingt-quatorze prieurs, vingt-quatre gonfaloniers, six cardinaux, des évêques, ambassadeurs, sénateurs, commissaires, etc., et un pape, Clément VIII. Comtes de Meldona, 1594, comtes de Sarsina, 1597, princes de Rossano, 1612, puis princes de Meldona. Les princes Aldobrandini se sont éteints en 1767 dans la maison Borghèse.

Bartolini-Salimbeni. Maison ancienne de laquelle sont sortis cinq gonfaloniers, trente-quatre prieurs, un archevêque de Pise. Marquis par diplôme impérial de 1713. Cette famille existe encore.

Landi. Maison ancienne. Treize prieurs. Eteinte au XIXe siècle.

Lazini. Ne figure pas parmi les familles nobles de Florence; nous n'avons rien trouvé la concernant.

Pour plus de détails sur les maisons Aldobrandini, Acciaioli et Landi, voir Litta, *Famiglie celebri italiane*, Milan, 1819, in-f°, tomes 4 et 7.

Cliché P. Giard, de Valenciennes.

Portrait de Bardo di Bardi Magalotti,
d'après le tableau du musée de Valenciennes (N° 429).

Valenciennes prise d'assaut,
et sauvée du pillage par la clémence du Roi. Le 16 mars 1677.

Réduction de la gravure de R. Bonnart.

PIÈCES JUSTIFICATIVES

I

30 mai 1661

MONTRE D'ARMES D'UNE COMPAGNIE DES GARDES FRANÇAISES COMMANDÉE PAR BARDO BARDI MAGALOTTI

Roolle de la montre et reveue faicte en un champ proche la ville de Nancy, le xxxe jour de may 1661, par Gilles Renard et Barthelemy Millot, commissaire et controolleur des guerres, à cent unze hommes de guerre à pied, françois, d'une compagnie du regiment des gardes du Roy, soubz la charge du sieur de Margoloti, leur capitaine, sa personne, celles de ses lieutenant, soubz lieutenant, enseigne et autres officiers presentes et comprises, et aussy y compris deux sergens supernumeraires que Sa Majesté veut estre entretenu dans ladicte compagnie, icelluy roolle servant à l'acquit de maistre Anthoine Jossier, conseiller du Roy, tresorier general de l'extraordinaire des guerres et cavallerie legere, pour le payement à eux faict par les mains de maistre Alexandre Simon Bolé, escuyer, sieur de Champlay, tresorier dudit regiment des gardes en la ville de Paris, lesdits jour et an, de leurs soldes et entretenemens des trois, quatre et cinquiesme mois de monstre de ladite année, composez de xxxvi jours chacun, desquels gens de guerre les noms et surnoms ensuivent.

Premierement : Bardo Bardy Magalotty, capitaine. Le sieur Thurin, lieutenant. Le sieur de Cavois, soubz lieutenant. Le sieur de Cressy, enseigne. Jean Volle, sergent. Louis de Lorie, sergent. Jean Fortbois, sergent. Laurent du Clos, sergent. Martin Dupont, fourrier. Louis Dupuis, tambourg. Simon Dumouton, tambourg. Claude Fizicat, phiffre.

Jacques Salpestre. Henry Luriau. Jean Rescault. Daniel Moret. Bonna venture Candé. Jacques Simondeau. Philippes Baras. Paul Gaultier. Martin Girault. Marcial Artus. Claude Aveneau. Yves Abelle. Claude Abelle. Jean Pinoteau. Claude Louvrier. Artus Cercault. Samuel Nolet. Simon Bodin. Denis Pinault. Adrien Genty. Charles Pastureau. Adrien Lienas. Charles Lestudiant. Claude Lunas. Louis Lauroye. Michel Launay. François Lauret. Pierre Panoge. Paul Panas. Simon Louiset. Adrien Gaudin. Michel Gaulin. Louis Colineau. Michel Lasnier. Germain Gillet. Simon Nolet. Guillaume la Roche. Henry Labrye. Jean Siflot. André Ardeau. Noel Parmeau. Paul Naurault. Jean de Vaux. Hierosme Pineau. Sanson Laureau. Georges Garget. Martial Lavoyne. Jacques Soufflet. François Lermitte. André Larnault. Paul Trouvé. Sanson Verteau. Marc Godart. Martin Garit. Louis Artus. Joseph Binet. Anthoine Pineau. Salomon Carnier. Yves Cordier. Noel Ravier. Louis Jacques. Louis Marteau. Henry Chasteau. Pierre Leguille. Pannege Marteau. Hierosme Santa. Claude Clavier. Edme Lebouis. André Soret. Michel Lagreau. Jacques Langueau. Paul Millet. Jacques le Febvre. Jean Haudonnier. René Samestre. Gilles Mousnier. Maurice Rameau. Jean Naudet. André Benoist. Gilles Pinpalle. Jacques Bonnet. Simon Dodinet. Louis Monnet. Germain Dupuis. Laurent Minet. Jacques Laurent. Salomon Duplastre. Claude Renier. Pierre Farnel. Jean Carmo. Jean Laumosnier. Simon Genneste. Jean Simonneau. Laurent Dupirot. Simon Partal. Germain Partal. Anthoine Perier. Claude Denisot. Laurent Denisot. Germain Dupinnet.

Nous Bardo Bardy Magaloty, capitaine d'une compagnie de gens de guerre du regiment des gardes françoises du Roy, Gilles Renard, commissaire des guerres, et Barthelemy Millot, controlleur d'icelles, soubz signez, certiffions au Roy et à Nossieurs des Comptes et tous autres qu'il appartiendra ce qui ensuit, scavoir nousdit cappitaine avoir, ce jourdhuy, mis en bataille en un champ proche la ville de Nancy et presenté aux susdits commissaire et controlleur des guerres le nombre de cent dix hommes de guerre à pied, françois, desnommez et escripts au present roolle, nostre personne, celles de nos lieutenant, soubz lieutenant, enseigne et autres officiers presentes et comprises, et aussi y compris deux sergens supernumeraires que Sa Majesté entend estre entretenu dans nostre dicte compagnie, tous en bon et suffisant estat et esquipage de guerre pour faire service à Sa Majesté, qui en ont fait la monstre et reveue et nous ont ce jourdhuy fait payer de nos soldes et entretenemens des trois, quatre et cinquiesme mois de monstre de la presente année; nousdit commissaire des guerres avoir, ce jourdhuy, au susdit lieu, veu et visité par forme de monstre et reveue lesdits cent unze hommes de guerre à pied, françois, desnommez et escripts au present roolle, qui nous y ont esté presentez en bataille par leurdit capitaine, sa personne, celles de ses lieutenant, soubz lieutenant, enseigne et autres officiers presentes et comprises, ausquelz, après les avoir trouvez tous en bon et suffisant estat et esquipage de guerre pour faire service à Sa Majesté et d'iceux pris et receu le serment en tel cas requis et accoustumé, leur avons, ce jourdhuy, fait payer, bailler et délivrer comptant, en nostre presence, par maistre Anthoine Jossier, conseiller du Roy, tresorier general de l'extraordinaire des guerres et cavallerie legere, par les mains de maistre Alexandre Simon Bolé, escuyer, sieur de Champlay, tresorier dudit regiment des gardes françoises du Roy, la somme de sept mil cinq cens neuf livres, à eux ordonnée pour leur subsistance, soldes et entretenemens des trois, quatre et cinquiesme mois de monstre de la presente année, composez de XXXVI jours chacun, à raison des appointemens qui ensuivent, asscavoir : au capitaine III^c VI l.; au lieutenant CX l.; au soubz lieutenant IIII^xx X l.; à l'enseigne LXVI l.; à deux sergens, chacun XXXV l., LXX l.; à un fourier, deux tambours et un phiffre, chacun XII l., XLVIII l.; à quatre caporaux armez de corcelets, chacun XX l., IIII^xx l.; à deux autres portans mousquets, chacun XX l., XL l.; à six lampsades armez de corcelets, chacun XVIII l., CVIII l.; à cinquante picquiers armez de corcelets, chacun XVI l., VIII^c l.; à deux lampsades de mousquetaires, chacun XVIII l., XXXVI l.; à quinze mousquetaires, chacun XVII l., II^c LV l.; à seize autres, chacun XVI l., II^c LVI l.; à deux lampsades d'arquebuziers, chacun XVI l., XXXII l.; à deux arquebuziers, chacun XII l., XXIIII l., et auxdicts deux sergens supernumeraires, chacun XXV l., L l.; et encores audict capitaine CXXXII l. pour unze payes de XII l. chacune, à raison de dix pour cent, que Sa Majesté a voulu estre mise en ses [mains] pour luy donner moyen d'appointer les plus apparens soldats de sadite compagnie; montans et revenans lesdits appointemens et payes ensemble, par mois à II^M V^c III l., et pour lesdits trois mois à ladite premiere somme de VII^M V^c IX l. Et moydit controolleur avoir assisté à ladite montre, reveue et payement susdits à eux faict en ma presence par ledit sieur Jossier, par les mains dudit sieur Bolé, pour leurs soldes et entretenemens desdits trois mois, en louis d'argent et douzains, dont ilz en ont quitté et quittent ledit sieur Jossier, Bolé et tous autres. Faict en ladicte ville de Nancy, le XXXe jour de juin MVI^c soixante un.

(Signé) Magalotty. G. Renard. Millot.

(Original sur parchemin.)

II

6 avril 1680

LETTRES DE PROVISIONS DE GOUVERNEUR DE VALENCIENNES EN FAVEUR DE MAGALOTTI

Louis, par la grace de Dieu roy de France et de Navarre, à tous ceux qui ces presentes lettres verront, salut. Par nos lettres patentes du 18 mars 1677, Nous avions commis nostre très cher et bien amé le s[r] de Magaloti, lieutenant colonel du regiment de nos gardes Françoises et l'un de nos lieutenantz generaux en nos armées, pour, en qualité de gouverneur de la ville et citadelle de Vallenciennes, y commander pendant trois annez, et comme le dit temps est expiré et que la dite place de Vallenciennes, que nous avions conquise par la force de nos armes, nous a esté depuis cédée par le traité de paix faict et conclu à Nimegue, Nous avons jugé important à nostre service de pourvoir au gouvernement dicelle, et sçachant que nous ne sçaurions pour cette fin faire un plus digne choix que de la personne dudit s[r] de Malagoti, pour la connoisssance que nous avons de sa valleur, courage, experience en la guerre, diligence et sage conduitte, ainsy que de sa fidellité et affection à nostre service, dont il nous a donné des preuves, tant dans les diverses charges et employs qu'il a eus dans nos trouppes et armées que dans la dite place de Vallenciennes depuis quil y commande, ce qui nous donne lieu de croire qu'il continuera de plus en plus à nous y rendre des services utiles, sçavoir faisons que nous, pour ces causes et aultres à ce nous mouvans, avons le dit s[r] de Magaloti fait, constitué, ordonné et estably, faisons, constituons, ordonnons et establissons, par ces présentes signées de nostre main, gouverneur de ladite ville et citadelle de Vallenciennes, et ladite charge luy avons donnée et octroyée, donnons et octroyons, pour l'avoir, tenir et exercer durant le temps de trois années, aux honneurs, auctoritez, prerogatives, preeminences, gages et appointemens, droits, fruict, profits, revenus et esmolumens qui y appartiennent, tels et semblables dont jouissent ceux qui sont pourveus de pareilles charges, et à cet effect luy avons donné et donnons pouvoir d'ordonner aux habitans de la dite ville et de l'estendue du gouvernement d'icelle et aux gens de guerre qui y sont et seront cy après en garnison ce quils auront à faire pour nostre service, faire vivre les dits habitans en bonne union et concorde les uns avec les autres, et les dits gens de guerre en bonne discipline et police, suivant nos reglemens et ordonnances militaires, faire severement chastier ceux qui ozeront y contrevenir, avoir l'œil à la garde et seureté de ladite ville et citadelle, et generalement faire pour la conservation d'icelles tout ce qu'il verra estre necessaire et à propos, le tout pendant ledit temps de trois ans et soubz l'authorité du gouverneur et nostre lieutenant general en Flandres, sans que le dit s[r] de Malagoti puisse sortir de la dite place qu'avec congé signé de nous et contresigné de l'un de nos secretaires d'Estat et de nos commandements, ny qu'il la puisse rendre en cas quelle vienne à estre attaquée qu'après en avoir deffendu vigoureusement les dehors, contrescarpes et fossez aussy longuement et vaillamment qu'un homme d'honneur est obligé de faire suivant les loix de la guerre, avoir soustenu deux ou trois divers assaults et qu'il y aura bresche raisonnable au corps dicelle. Si donnons en mandement à nostre très cher et feal le s[r] Le Tellier, chevalier, chancelier de France, que dudit s[r] de Magaloti pris et reçu le serment en tel cas requis et accoustumé, il le mette et institue, ou fasse mettre et instituer de par nous en possession et jouissance de ladite charge de gouverneur de Vallenciennes et d'icelle, ensemble des honneurs, auctoritez et prerogatives, preeminences, gages, droicts, estatz, appointemens, fruicts, proffits, revenus et esmolumens susdits, le fasse, souffre et laisse jouir et uzer pleinement et paisiblement, et à luy obeir et entendre de tous ceux et ainsy qu'il appartiendra ez choses touchans et concernans ladite charge. Mandons et ordonnons aux habitans de la dite ville et place de Vallenciennes et aux gens de guerre qui y sont et seront cy après en garnison de reconnoistre le dit s[r] de Magaloti et de luy obeir et entendre aux choses qu'il leur commandera et ordonnera pour nostre service et la conservation d'icelle, sur peine de desobeissance. Mandons en outre aux tresoriers generaux de l'extraordinaire de nos guerres et autres comptables qu'il appartiendra que les gages, appointemens et droictz attribuez à la dite charge ils payent, baillent et deslivrent audit s[r] de Magaloti pendant le dit temps de trois années, aux termes et en la maniere accoustumée, et, raportant par eux ces presentes ou coppie dicelles deuement collationnée pour une fois seullement avec les quittances du dit s[r] de Malagoti sur ce suffisantes, nous voulons tout ce que payé et deslivré luy aura esté à l'occasion susdite estre passé et alloué en la despence de leurs comptes, deduit et rabattu de la recepte d'iceux par nos amez et feaux les gens de nos Comptes à Paris ausquels nous mandons ainsy le faire sans difficulté. Car tel est nostre plaisir. En tesmoing de quoy nous avons faict mettre nostre scel à ces dites presentes. Donné à St Germain en Laye, le sixiesme jour d'avril l'an de grace mil six cent quatre vingt et de nostre regne le XXXVIIe.

Louis.

Par le Roy
Le Tellier.

(Sur le repli) :

Aujourd'huy vingt cinq[e] mars mil six cens quatre vingts un, le sieur de Magaloty, desnommé en ces presentes, a faict et presté entre les mains de Monseigneur le Tellier, chancelier de France, le serment qu'il estoit obligé de faire à cause de la charge de gouverneur de la ville et citadelle de Valenciennes dont il a plu au Roy de le pourveoir. Nous conseiller secrétaire de Sa Majesté, controlleur général de la grande Chancelerie de France et premier secrétaire de mondit seigneur le Chancelier présent.

JUNQUIÈRES.

(Original en parchemin aux Archives Nationales. — Monuments historiques ; carton coté K. 119[B] n° 43.)

III

LISTE DES SEIGNEURS DE VILLERS-LE-VERT

1419, Gérard de Roucourt. — 1441, Raoul Desains. — 1553, Robert Desains. — 1567, Jacques Desains. — 1572, Philippe Desains. — 1600, Robert de Sains du Lys, marquis de Hencourt. — 1670, Jean Dunée. — 1687, Jean-Henry Dauberk, par son mariage avec Elisabeth Desains de Lisse *(sic)*.

En 1690 la seigneurie était encore en possession de Dauberk.

(Inventaire analytique rédigé en 1776, contenant les titres de propriété de divers domaines, entre autres celui de Villers-le-Vert. Années 1353-1753. Archives du département de l'Aisne. G. 805. Registre in-4°, 428 feuillets, papier).

Ensuite nous plaçons Bardo Bardi Magalotti, puis François-Zénoble-Philippe Albergotti, neveu de Magalotti. Ce dernier personnage était maréchal des camps et armées du Roi, lieutenant général, colonel du Royal Italien, gouverneur de Sarrelouis ; il mourut le 25 mars 1717 et eut pour successeur Alexandre, marquis Albergotti, son héritier et petit neveu de Magalotti ; ce gentilhomme devint colonel du Royal Italien à la mort de son oncle.

Ensuite viennent :

1732. Charles-François-Christian de Montmorency-Luxembourg, prince de Tingry, duc de Beaumont, marquis de Bréval, chevalier des ordres du Roi, capitaine des gardes du corps de S. M., lieutenant général de ses armées et de la province de Flandre et gouverneur de la ville de Valenciennes.

1739. Augustin Louis, dit le marquis de Ximénès (1726-1817), mestre de camp en 1745 ; l'année suivante il quitta l'armée et se fit homme de lettres. (Voir sa très complète biographie dans la *Biographie* Didot). Il était fils d'Augustin, dit le chevalier, puis le marquis de Ximénès, seigneur de Vadencourt et Lonchamps, chevalier de Saint-Louis, maréchal des camps et armées du Roi, et de Marie-Lambertine de la Marque.

En 1742, Augustin-Louis de Ximénès rendit foi et hommage de la terre et seigneurie de Villers-le-Vert. (Note communiquée par M. A. Rabelle, de Ribemont.)

1751. Charles-Louis-Joseph Pinault des Jaunaux, comte de Thenelles, vicomte de Regny, mort en décembre 1773, étant doyen des présidents à mortier du Parlement de Flandre. Son fils, Charles-Adrien-Joseph, maître des requêtes ordinaires de l'Hôtel du Roi, mort le 1er août 1764, fut aussi seigneur de Villers-le-Vert.

Charles-Louis-Joseph Pinault des Jaunaux avait acquis la terre et seigneurie de Villers-le-Vert du marquis de Ximénès, le 26 juillet 1751, moyennant 75.850 livres. A cette occasion il en rendit foi et hommage, le 7 février 1752, à Mgr de Condé, comte de Ribemont (1). (Note communiquée par M. A. Rabelle, de Ribemont.)

IV

25 janvier 1393 (1394)

AVEU DU FIEF ET SEIGNEURIE DE VILLERS-LE-VERT RENDU AU ROI PAR GÉRARD DE ROUCOURT, ÉCUYER.

C'est li denommement que je Gerart de Roucourt, escuiers, demourant adpresent à Villers le Vert, fais au Roy notre sire du fief que je tieng et adveue atenir en foy et hommage du Roy mon dit seigneur à cause de son chastel de Ribemont, le quel fief j'ay acheté aux hoirs de feu demoiselle d'Autheville, jadiz femme de noble homme Guy de Jeumont, chevalier, et siet mes dis fiefs à Villers le Vert, dessoubz Ribemont, et contient ce qui sensuit. Premiers la maison qu'on dit Villers le Vert, seant dessoubz

1. Louis-Joseph, duc de Bourbon, prince de Condé, pair et grand-maître de France (1736-1818)

Ribemont, entre Sissy et Tenailles, et tout le lieu et pourpris d'icelle maison, ainsi comme tout li lieu se comporte et estant devant et derriere, tant en maisons, masures et court, comme en jardins et en fossez. Item le jardin de le Bove... Item les yaues dudit Villers... Item la pasture dudit Villers... Item toute justice et seignourie haulte, moyenne et basse, es lieux dessus dis et ou dit terroir... Item dudit fief muevent et sont tenus de moy, à la cause dessus dite, trois hommages dont chacuns peut valoir quarante sols parisis par an ou environ, desquels trois hommages Jehan de Monanthueil, de Thenailles, tient l'un, Symons le Boceux, de Lesquelles, tient l'autre, et Jehan Fague l'autre... Donné et fait en l'an de grace mil trois cens quatre vins et treze, le xxve jour de janvier.

(Archives Nationales. P. 54, n° 1678, et P. 135, fol. 275 verso. Originaux sur parchemin.)

V

14 février 1607.

Dénombrement et déclaration que Robert de Saint Delitz (signé Robert de Saint Deliz), écuyer, seigneur de Hencourt, Amerval, Saint Gratien, Ervilliers, Villiers-le-Vert et autres lieux, fait et baille au Roi de sa terre et seigneurie de Villiers-le-Vert. Premier la maison seigneuriale, lieu et pourpris dud. Villiers-le-Vert,... fermé d'eau, basse-court, avecq les terres, prez, bois, cens, routes, rivières, etc.

(Archives Nationales. P. 74³ n° 3636. Original sur parchemin.)

VI

14 juin 1724

Procuration donnée devant Gallois, notaire à St Quentin, par messire Jean Lhoste, chanoine procureur syndic de l'église royalle de St Quentin, à ce autorisé par acte capitulaire du 3 de ce mois, lequel a fait et constitué un procureur général auquel il donne pouvoir de s'opposer, pour et au nom dudit chapitre, à la vente qui se fait par décret de la terre et seigneurie de Villers-le-Vert, à fin de charge et de conserver la surcens de 11 muids, 5 septiers, 5 boisseaux 2/3 de bled froment, mesure du chapitre, et 2 l. 11 d. d'argent, dont la dite terre et seigneurie est chargée vers ledit chapitre, et ce tant pour les arrérages que pour l'avenir.

Joint l'opposition du 27 juin 1721 au décret de la terre de Villers-le-Vert, saisie réellement sur le prince de Tingry qui l'avait acquise de Mr Alexandre, marquis d'Albergotti, à fin de conservation de surcens au chapitre.

(Inventaire des chartes et titres de l'église royale de Saint-Quentin concernant les villages de Villevêque, Villers-le-Vert, Villers-Saint-Christophe, Vraignes, Villeret, Vieuville-L'Abbiette, Urvillers, Vermand, etc. Archives du département de l'Aisne, G. 805, registre in-4°, 428 feuillets, papier.)

VII

EXPERTISE A PROPOS DE LA PRESTATION SUR VILLERS-LE-VERT.

Prestation annuelle du chapitre de Saint-Quentin sur Villers-le-Vert, consistant en 11 muids, 5 septiers, 5 boisseaux 2/3 de bled, et en 51 livres 4 sols en argent, payable annuellement, en la manière portée en une transaction passée devant Langelerye et Mescaud, notaires à Saint-Quentin, le 4 juin 1679.

Depuis laquelle, s'étant élevé contestation sur la mesure et qualité du bled, est intervenue sentence des Requêtes du Palais à Paris du 19 août 1729, qui jugea que les chanoines de St Quentin se contenteront du bled de froment tel qu'il croit sur la dite terre, s'ils n'aiment mieux prendre du blé de hannier, et qu'ils rapporteront preuve qu'ils ont une mesure qui leur est particulière.

De laquelle sentence il y a eu appel au Parlement, qui n'a point été suivi par le dit chapitre, mais qui demeurera aux risques du sr de Ximénès, en sorte que le dit sr comte de Thenelle ne soit tenu dela dite redevance que telle qu'elle est fixée par la dite sentence et ce pour toutes, et sauf aucune autre charge, rente et redevance quelconque.

En vertu d'une sentence du bailliage de Ribemont du 24 juillet 1731 sur les contestations d'entre MMrs du Chapitre et Mr de Luxembourg au sujet de la nature du bled dû par la prestation de Villers-le-Vert, il a été fait une visite par experts des terres de Villers-le-Vert suivant le procès-verbal du 25 juillet 1731, par lequel il appert que les terres ne peuvent porter que du bled seigleur, méteil ou hannier à cause du nirélu ? (1) qu'occasionne le marais de Regny descendant à Sissy.

Experts : Godart, arpenteur.
Jean Bize, laboureur.

Cette pièce, qui appartient à M. Tiéfaine, de Ribemont, nous a été communiquée, avec son autorisation, par M. A. Rabelle. J'adresse à ces Messieurs mes remerciements empressés.

1. C'est-à-dire que, par la coupure du courant de Regny, la terre de Villers-le-Vert se trouve en relèvement crayeux. (Note de M. A. Rabelle.)

BERGERAC

IMPRIMERIE GÉNÉRALE DU SUD-OUEST (J. CASTANET)

www.ingramcontent.com/pod-product-compliance
Ingram Content Group UK Ltd.
Pitfield, Milton Keynes, MK11 3LW, UK
UKHW021501260726
13993UKWH00004B/1514